图解 42 式太极剑

精编视频学习版

高崇、灌木体育编辑组 编著　　杨天硕 摄影

人民邮电出版社

北 京

图书在版编目（CIP）数据

图解42式太极剑：精编视频学习版 / 高崇编著；
杨天硕摄. -- 北京：人民邮电出版社，2024.1
ISBN 978-7-115-62198-6

Ⅰ.①图… Ⅱ.①高… ②杨… Ⅲ.①剑术（武术）—
中国—图解 Ⅳ.①G852.24-64

中国国家版本馆CIP数据核字(2023)第121184号

免责声明

作者和出版商都已尽可能确保本书技术上的准确性以及合理性，并特别声明，不会
承担由于使用本出版物中的材料而遭受的任何损伤所直接或间接产生的与个人或团体
相关的一切责任、损失或风险。

内容提要

本书由国家级运动健将、全国武术套路锦标赛太极拳太极剑全能冠军高崇示范及指
导。本书在简要介绍太极剑的起源和发展等背景知识的基础上，以高清连拍图结合细致
的文字说明的方式，对太极剑的基本动作练习和 42 式太极剑连贯套路进行了讲解，可
作为太极剑初学者的学习指南。此外，本书提供了一系列的在线学习视频，帮助练习者
跟着专业教练轻松学习太极剑。

◆ 编　著　高　崇　灌木体育编辑组
　　摄　影　杨天硕
　　责任编辑　刘日红
　　责任印制　彭志环

◆ 人民邮电出版社出版发行　　北京市丰台区成寿寺路 11 号
　　邮编　100164　　电子邮件　315@ptpress.com.cn
　　网址　https://www.ptpress.com.cn
　　北京天宇星印刷厂印刷

◆ 开本：700×1000　1/16
　　印张：6.75　　　　　　　　2024 年 1 月第 1 版
　　字数：148 千字　　　　　　2025 年 11 月北京第 6 次印刷

定价：29.80 元

读者服务热线：(010)81055296　印装质量热线：(010)81055316
反盗版热线：(010)81055315

在线视频访问说明

　　本书提供 42 式太极剑完整套路及各式分解动作的在线视频，您可以按照以下步骤，免费观看本书在线视频。

　　步骤 1　点击微信聊天界面右上角的"+"，弹出功能菜单（图1）。点击"扫一扫"，扫描右侧二维码。

　　步骤 2　添加"阿育"为好友（图2），然后进入聊天界面并回复关键词"62198"（图3）。

图 1　　　　　　图 2

　　步骤 3　点击弹出的视频链接（图3），进入视频界面（图4），再次点击视频名称即可直接观看视频。

图 3　　　　　　图 4

目 录

第一章

认识太极剑

太极剑是在太极拳的基础上发展而来的。

历史起源

　　剑，古代兵器之一，属于"短兵"，素有"百兵之君"的美称。古代的剑一般由金属制成，长条形，前端尖，后端安有短柄，两边有刃。

　　太极剑是太极拳运动的一项重要内容，它是在太极拳的基础上，为了提高练习者的身体平衡能力、协调能力和练习的趣味性而逐渐发展起来的锻炼方法。它兼具太极拳和剑术的风格特点，一方面它要像太极拳一样，表现出轻灵柔和、绵绵不断、重意不重力的特点；同时还要表现出优美潇洒、剑法清楚、形神兼备的剑术演练风格。

　　42式太极剑风格独特，舞起来动作柔和、舒缓、美观大方、体静神舒、内外合一。

关于剑器

太极剑是中华武术中的主要器械之一。随着时代的发展，剑器走向民间，成为表演、健身器材。太极剑也称为软剑，因为其前端较软，可以抖动弹起。它由剑身、剑柄、剑穗和剑鞘组成。

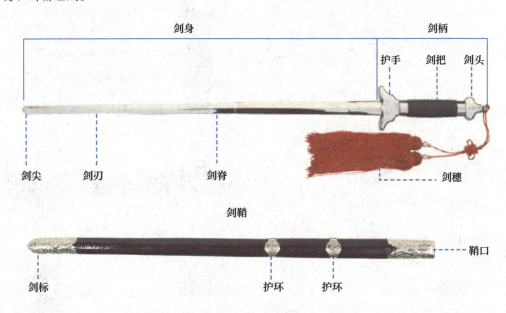

剑刃

古称"锷"，指剑身两侧最锋利的部分。人们常在刃部夹钢，从而让剑更加锐利。

剑脊

指剑身中央凸起的部分，有增强剑身强度的作用。剑脊有单脊、双脊和三脊（呈血槽状）等形式。剑脊要求平直，两面刃对称，以保持剑的平衡。

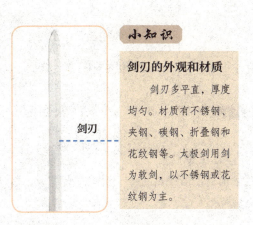

小知识

剑刃的外观和材质

剑刃多平直，厚度均匀。材质有不锈钢、夹钢、碳钢、折叠钢和花纹钢等。太极剑用剑为软剑，以不锈钢或花纹钢为主。

小知识

剑脊的分类

长剑依据剑脊分为起脊剑和平脊剑两种。起脊剑剑脊平面的中间部分是凸起的；平脊剑剑脊平面的中间部分是平的。标准太极剑的剑脊是凸起的。

3

剑尖

剑身的顶部，两侧为剑锋。

剑尖

剑头

剑柄的顶部装饰，又称剑头，其主要作用是平衡重心以利手感，其次还有装饰作用。

剑柄

指手握部分之主体。剑柄有单、双手之分。单手剑的剑把长为10～20厘米，双手剑的剑把长在20厘米以上。剑把通常使用皮革、线绳或木材制作。

护手

护手也叫剑格，是用来防止对方的剑沿着己方剑身滑下砍伤己方手的金属部件。材质与剑头一样，以铸铜为主。

剑鞘

主要用来保护剑刃。通常为木质材料，外涂以朱漆或黑漆，或裹以鲨鱼皮，现代常采取裹蛇皮的办法求创新。若采用檀木、红木、黄花梨、鸡翅木等珍贵木材来制作，则不需要涂漆，让其呈天然木纹本色，历久更显古色古香。

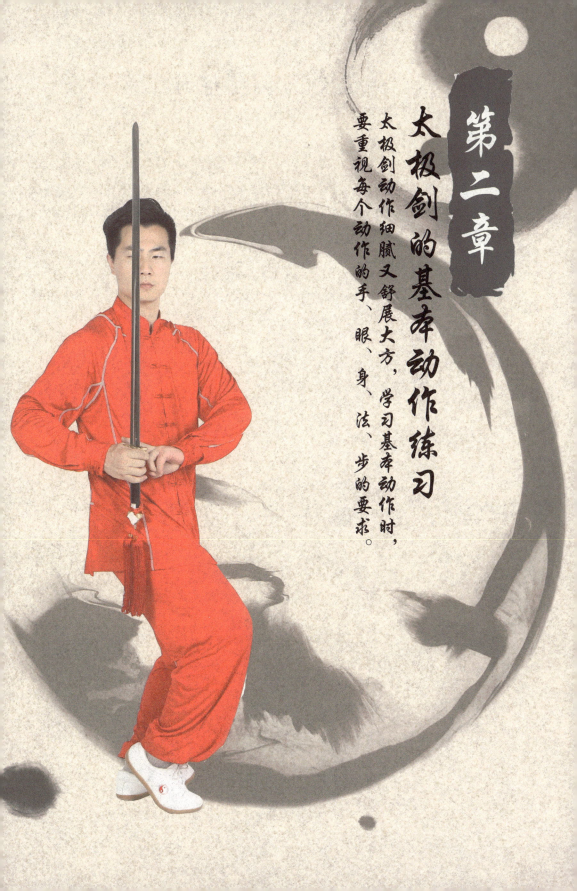

第二章

太极剑的基本动作练习

太极剑动作细腻又舒展大方，学习基本动作时，要重视每个动作的手、眼、身、法、步的要求。

握剑与剑指练习

　　握剑的方法称为握法或把法。正确的握法不仅是准确地表现剑法的先决条件，也是技术熟练的重要标志。初学者握剑往往比较僵硬，剑在手中不能灵活运转，致使剑法表现不清楚，力点把握不准确。

● 平握

　　手指平卷握剑，一般用于劈剑、崩剑、架剑、推剑等剑法。

● 直握

　　手握剑柄，由小指、无名指、中指、食指依次紧握形成螺旋形，拇指靠近食指。

● 钳握

　　一般用于带剑、抽剑、挂剑等。大拇指、食指与虎口钳夹，起支点固定的作用，其余三指松握。

● 反握

手臂向内、向里旋转，掌心向内，大拇指架于剑柄的下方，向上用力，中指、无名指、小指向下勾压。一般多用于撩剑、反刺剑。

● 反手握

持剑使剑身紧贴于左臂后方，左手食指贴于剑柄，指尖指向剑头，其余四指扣握于护手上。

● 垫握

食指微伸，垫在护手下面以助力和控制剑的方向，大拇指也伸直，其余三指屈指。

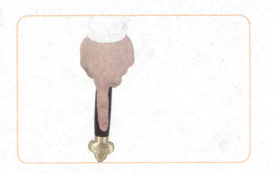

剑指

太极剑的手形主要是剑指，剑指的要点是食指与中指伸直并拢，不能分开。其余三指屈于掌心，拇指压在无名指的第一指节上。只有剑指运用合理得当，与剑法相互配合，才能助势助力，平衡动作，提升太极剑剑法的表现力。

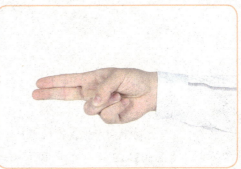

基本剑法练习

压剑

压剑前先仰手握剑向上托剑，随即腰向左转，右臂内旋俯手握剑，随后平剑下压。

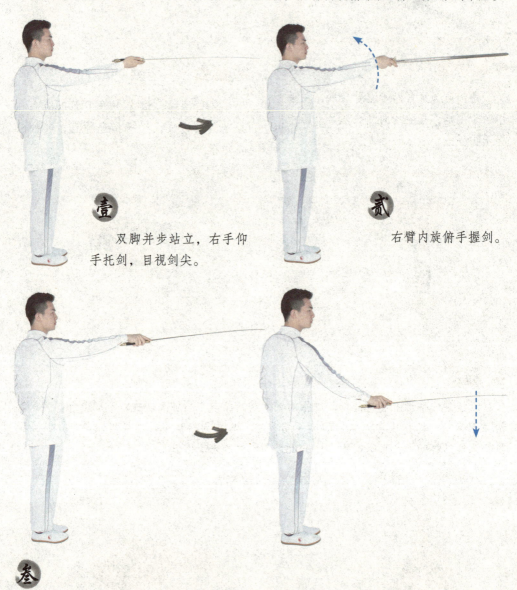

壹

双脚并步站立，右手仰手托剑，目视剑尖。

贰

右臂内旋俯手握剑。

叁

掌心朝下，由上向下平压，低不过脚踝，剑尖朝前，力达剑身中部。压剑时，右手食指和大拇指伸展，其余三指屈指，其中食指垫在护手上面，以助力和控制剑的方向。

立剑向上托举，高过头顶，用来格挡对方劈击进攻，力点在剑刃上。

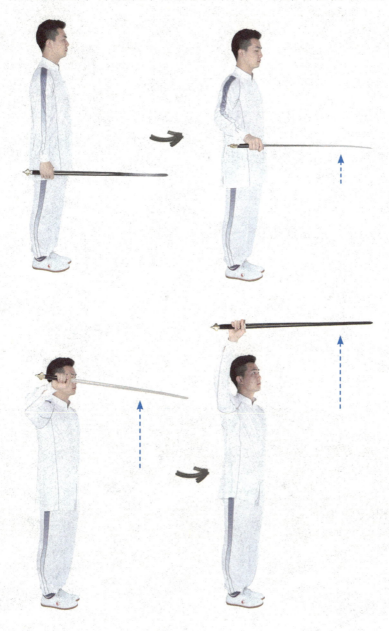

　　两脚并步站立，立剑，掌心朝内。将剑由下向右上方架起，右手握剑侧平举，高过头顶，虎口向前，力达剑身中部，目视前方。

推剑

剑身竖直或横平，由内向外推出，力达剑刃根部。推剑常用于双方器械接触时，目的是将对方的器械推击出去。

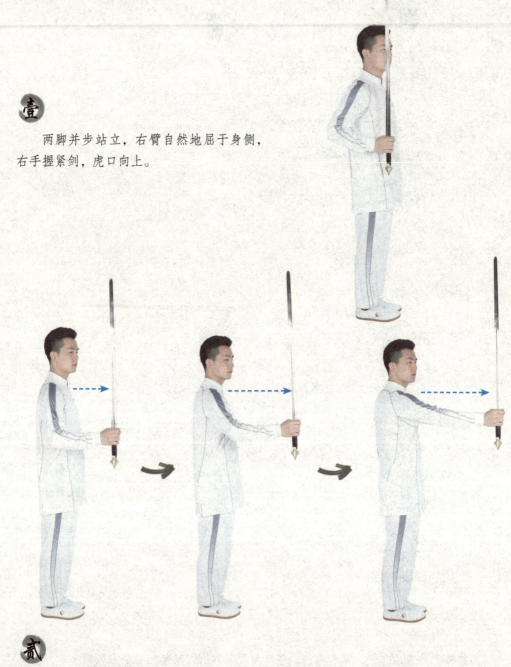

壹

两脚并步站立，右臂自然地屈于身侧，右手握紧剑，虎口向上。

贰

平直地将剑向外推出。在推剑过程中，力点在剑刃根部，掌心向内。

削剑

自左下方向右上方斜击出，掌心斜向上，剑尖略高于头。发力时要转、抖腕，力达剑身的前部。

壹

两脚并步站立，左手背于身后，右手握剑。

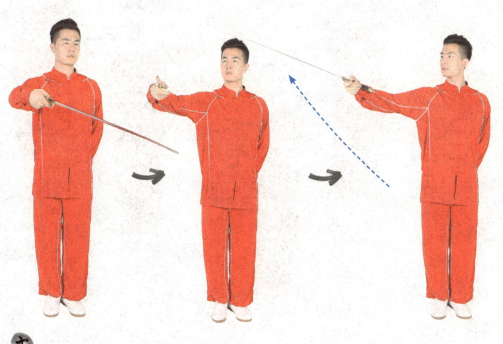

贰

立剑，由前向右上方画弧，力点在剑身的剑刃上滑动。

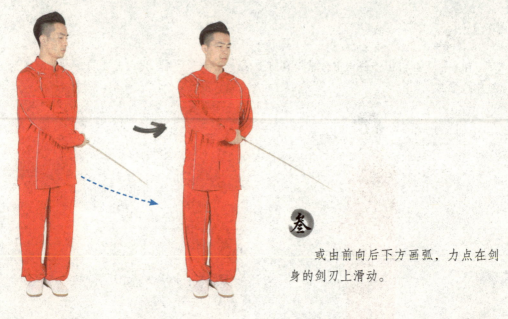

叁

或由前向后下方画弧，力点在剑身的剑刃上滑动。

肆

手握剑，微向上托，至与胸同高，手臂右转，松肩展臂，腕部微内扣，剑身向右横向平摆。力点在拇指侧前刃处，剑刃高度同颈部。

以剑尖直对对方，手臂由屈到伸，与剑形成一条直线，力达剑尖。持剑时掌心向上、向前平刺出为平刺剑；持剑时虎口向上为立刺剑。

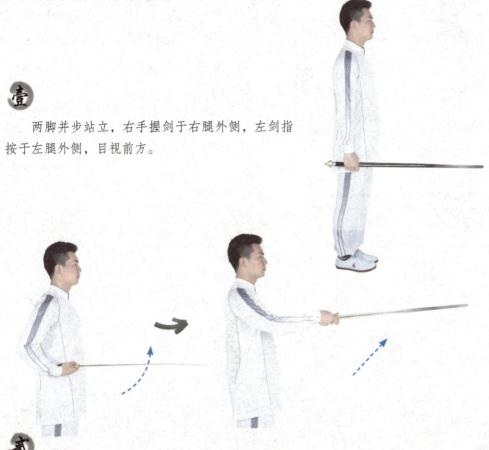

壹

两脚并步站立，右手握剑于右腿外侧，左剑指按于左腿外侧，目视前方。

贰

右手握剑屈肘上提，经腰侧向前直刺。手臂向胸前画弧，以手腕为轴旋转。

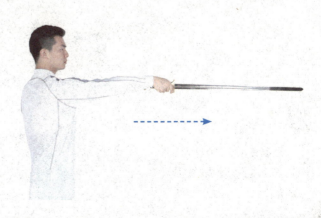

叁

手臂与肩形成一条直线，与肩同高，力达剑尖。目视前方。

劈剑

立剑由上而下，叫作劈，可向下、左、后劈。总之都是立剑，从上向下用力，力达剑刃的中段。

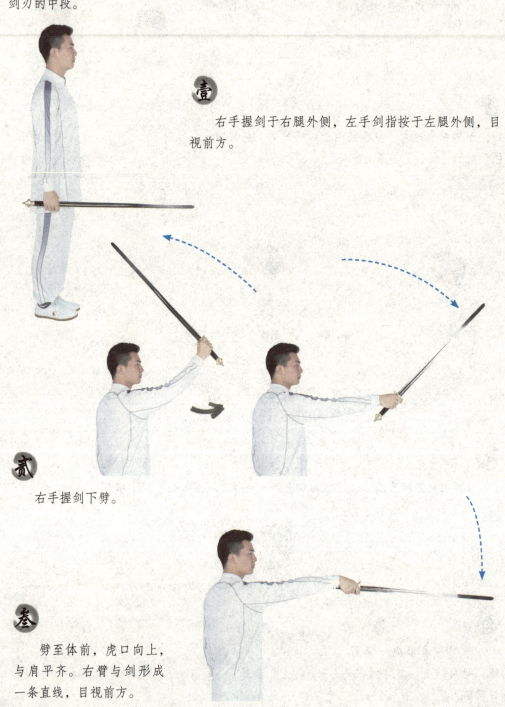

壹

右手握剑于右腿外侧，左手剑指按于左腿外侧，目视前方。

贰

右手握剑下劈。

叁

劈至体前，虎口向上，与肩平齐。右臂与剑形成一条直线，目视前方。

点剑

握剑的手以腕用力，力达剑尖，用与虎口反向一侧的剑刃前端部分从上向下啄击。

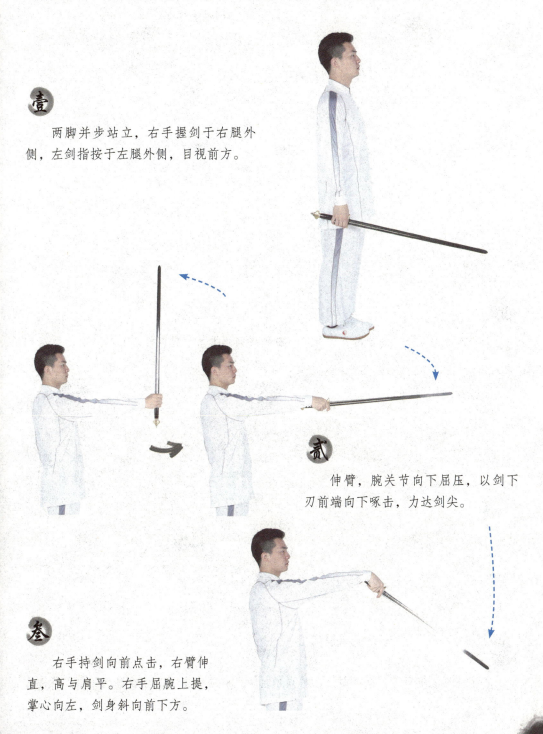

壹

两脚并步站立，右手握剑于右腿外侧，左剑指按于左腿外侧，目视前方。

贰

伸臂，腕关节向下屈压，以剑下刃前端向下啄击，力达剑尖。

叁

右手持剑向前点击，右臂伸直，高与肩平。右手屈腕上提，掌心向左，剑身斜向前下方。

崩剑

崩剑是指立剑，沉腕使剑尖猛向上崩，力达剑尖。

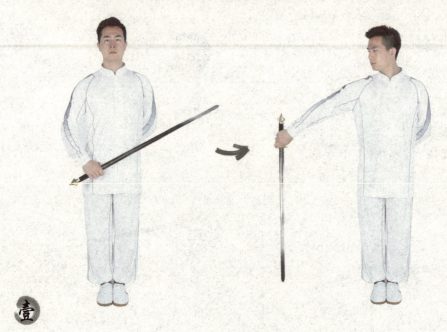

壹 两脚并步站立，左手屈肘背于身后，右手握剑侧平举，虎口斜向上。

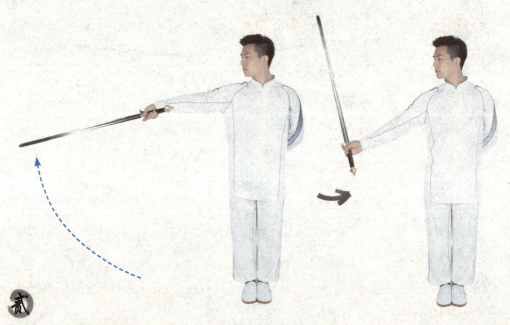

贰 右手持剑沉腕下落，剑尖向上、向内崩挑，剑斜向右上方，与右臂成锐角。目视右手剑。

抹剑

抹剑是将平剑由左向右或由右向左领带，弧形抽回；高度在胸腹之间，力达剑刃。

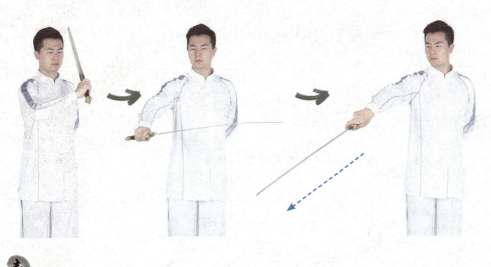

壹

右手握剑，平剑由左向右领带，右臂外旋，右手领剑向右侧后方平带，掌心向下，顺剑滑动。抹剑守中带攻，用剑刃水平地由前向后抹，或由左向右抹，力达剑刃。

贰

上身左转，右手外旋领剑向左平抹，停于左肩前。剑横于胸前，剑尖斜向左，目视剑尖。右手握剑屈臂，虎口向左。左手剑指也屈左臂，掌心向下，目视右手剑。右臂半屈成弧，剑斜向左前方，与胸同高，左剑指仍附于右腕处，目视剑尖。

由前屈臂向后拉，平剑的抽拉叫作带剑。

两脚并步站立，右手握剑平举向右前方，目视剑尖。

由前向侧后方抽回，腕高不过胸，剑尖斜向前，力点在剑身的剑刃上滑动。

绞剑是使剑尖按着顺时针或逆时针方向画立圆，属于螺旋发力，犹如螺丝钉的螺纹一样。

右手握剑，平举于胸前，目视前方。

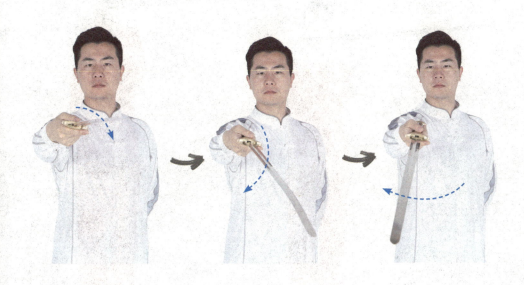

以腕关节为轴，使剑尖由右向左画小立圆绕环一周，再收于胸前。掌心朝上，力达剑刃前部。

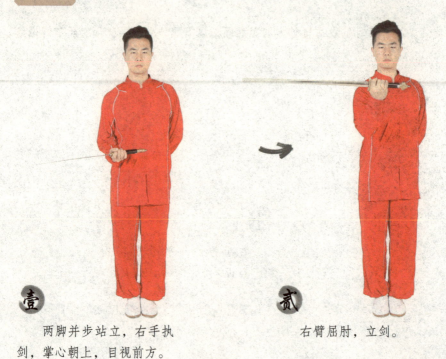

壹

　　两脚并步站立，右手执剑，掌心朝上，目视前方。

贰

　　右臂屈肘，立剑。

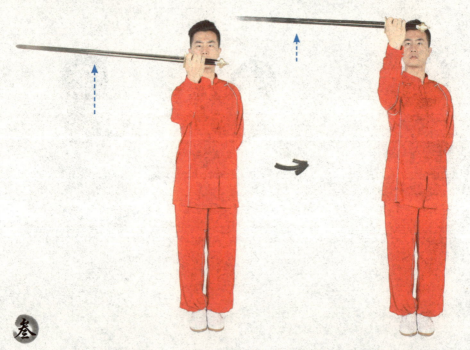

叁

　　紧握剑柄，经胸前向头上方托举，高于头部。力点在护手的根部上。在托剑过程中，剑身保持平衡。

挂剑

　　剑成立剑，手腕扣住。剑尖从前向下、向后，经过身体两侧成立圆挂出，力达剑身的前部平面，用来格挡对方的进攻。

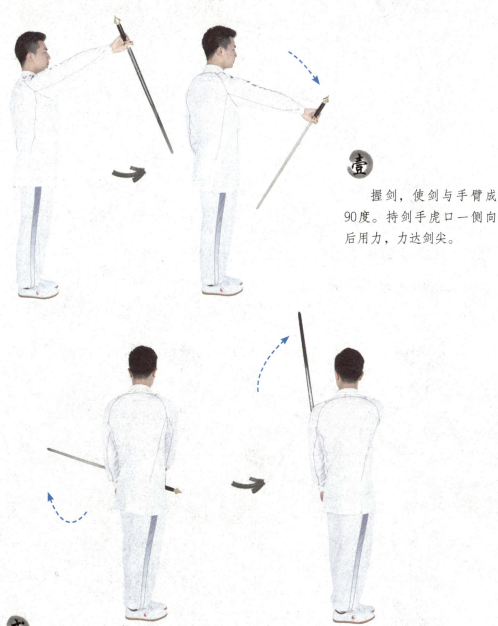

壹

　　握剑，使剑与手臂成90度。持剑手虎口一侧向后用力，力达剑尖。

贰

　　剑尖由前向后勾回，向身体左下方回挂，再向右上方抖击，掌心向上，剑尖略高于头。

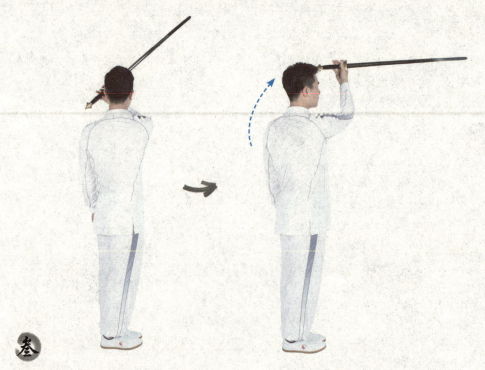

叁

继续向右侧挂剑，剑尖朝右。

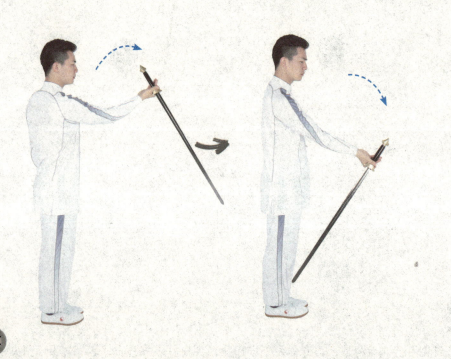

肆

继续向后画弧，或向下、向后画弧，力达剑上刃前部。

伍

继续向后画弧，再向上画弧。

陆

　　右手持剑沉腕下落，剑尖向上、向内崩挑，剑斜向左上方，与右臂成锐角，目视右手中的剑。上身左转，右手持剑向下、向左画弧挥摆至体侧，斜向左下方，目视剑尖。

撩剑

　　撩剑是立剑由后向前上方撩出，力达剑的前端。正撩剑，前臂外旋，掌心朝上，剑贴身向前向上弧线撩出；反撩剑，除前臂内旋外，其他与正撩剑要求相同。

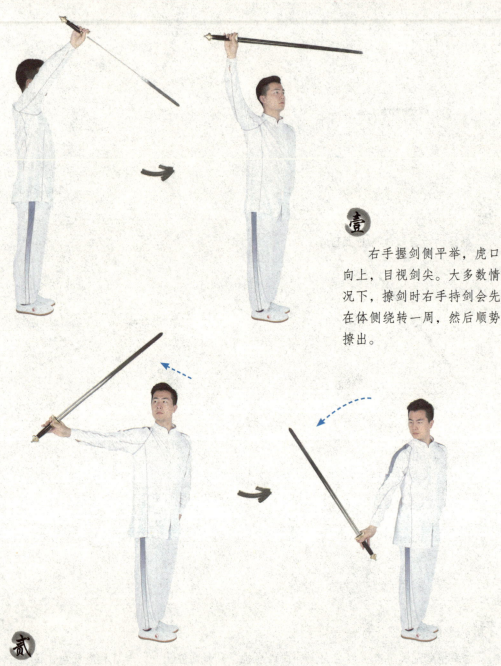

壹

　　右手握剑侧平举，虎口向上，目视剑尖。大多数情况下，撩剑时右手持剑会先在体侧绕转一周，然后顺势撩出。

贰

　　右臂内旋，右手翘腕将剑尖向下勾回。

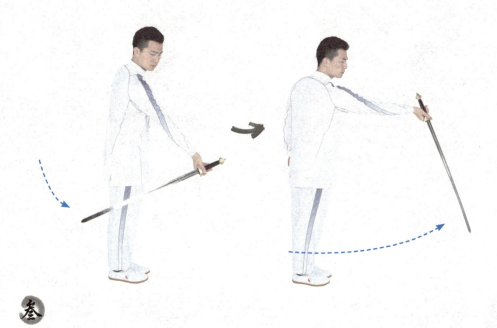

叁

　　右手握剑贴身向右画弧挂摆至腹前，再向上撩出。撩剑须反手持剑，由下向上撩出，力达剑下刃前部。

肆

　　为了加大挥摆的力度，剑在体侧绕成一个立圆，然后撩出去，力点在剑刃的前端，是进攻。经右侧绕转撩出为右撩剑。

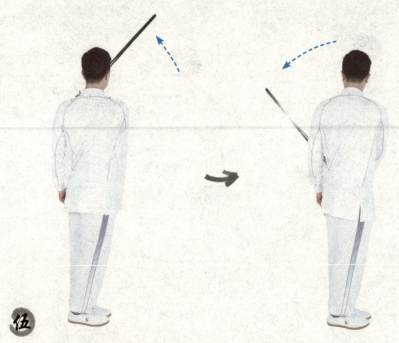

经身体左侧绕转撩出为左撩剑。继续从右向左绕剑，绕剑时注意要转腰挥臂，以臂领剑，最后再伸展把剑撩出去。

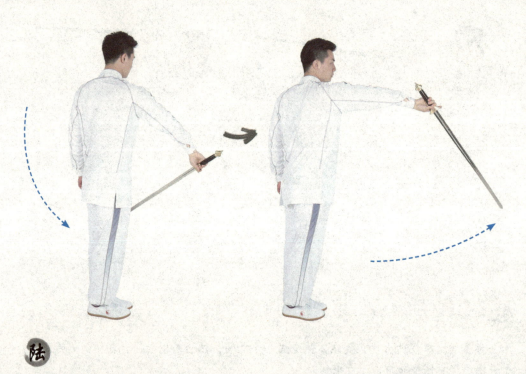

虎口反向一侧的剑刃中段或前端着力，手腕向上提拉，从下向前移动撩击。

由平剑在头前上方或头顶做平圆绕环，用来拨开对方的进攻，力点在剑刃上。剑在体侧或在头顶画一个平圈，都叫云剑。

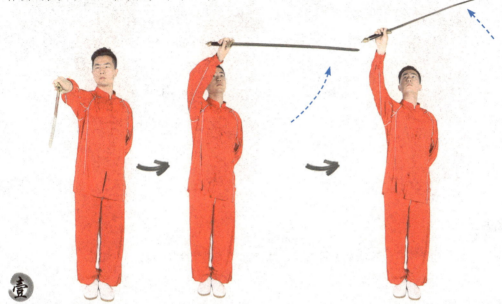

壹　两脚并拢，脚尖朝前；胸背舒展，身体直立；右手握剑前平举。目视剑尖，以腕关节为轴，在头前上方向左绕剑。

贰　颈部自然竖直，肩膀保持松沉，背部自然放松，目视剑尖，在头前上方向左绕环一周。

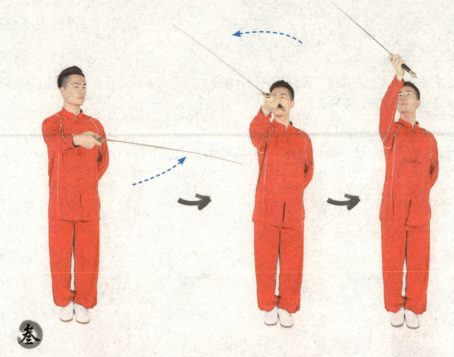

叁

在出剑过程中，要注意手腕翻转，动作连贯，以便于下一动作的进行。

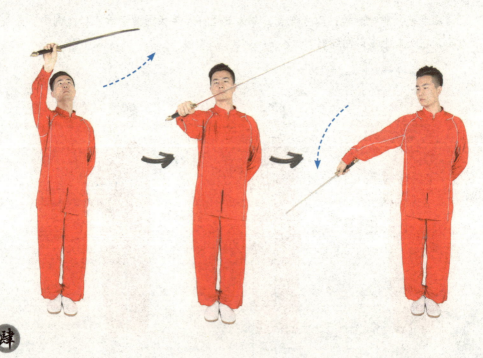

肆

右手握剑侧平举，在头前上方向左绕环一周后，目视剑尖。身法端正自然，全神贯注，舒展大方，旋转松活。

腕花

以腕关节为轴，使剑在臂的内侧或外侧绕立圆。要点是松握剑，手腕要灵活，可配合点、崩、撩、截等剑法使用。

壹 右手握剑前举，剑尖向上。然后以腕为轴，向前、向下绕剑。

贰 再继续向左后方绕剑。注意用大拇指和食指抓住剑柄，其他手指自然放松。

㈢ 绕剑至身体左侧，继续由下方向后上方绕剑。松握剑，腕放松。剑绕环时成立圆，紧贴身体。

㈣ 从后向前绕过头顶后，向前绕剑，动作连贯，一气呵成。

伍 右手向外、向下翻腕，使剑在身体右侧向后绕剑。

陆 从身体后侧再向上、向前绕剑。

基本步型练习

壹

　　上身自然直立，重心前移，左腿向前迈步，成左弓步；双手叉腰，目视前方。重心后移，左脚跟点地；右腿微屈，重心再次前移。身体向左转动，左脚平稳着地；右腿蹬直，脚尖点地。

贰

　　右腿向前上步，附于左腿旁边，脚尖点地。左腿微屈，右腿向右前方上步，右脚跟点地。重心前移，右脚脚掌着地；身体向右转正。

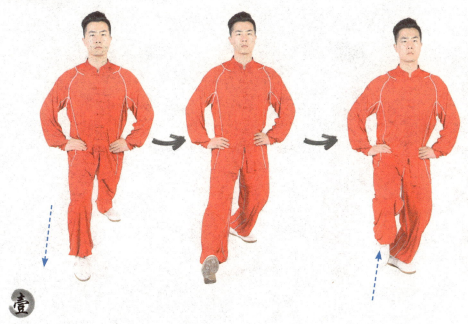

壹

上身自然直立，右腿向前成右弓步；双手叉腰，目视前方。身体重心后移，左腿微屈，右脚脚跟点地。右腿向后收步，附于左腿旁边。

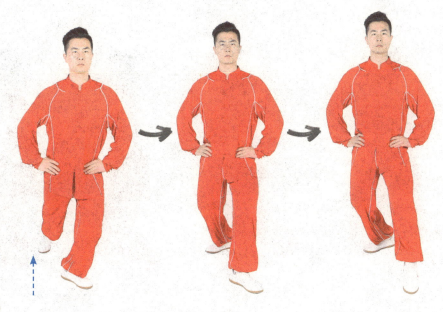

贰

左腿微屈，继而右腿向后蹬步；右腿伸直，右脚脚尖点地。重心后移，右脚平稳着地；右腿微屈，左脚以脚跟为轴，向前方转正脚尖。

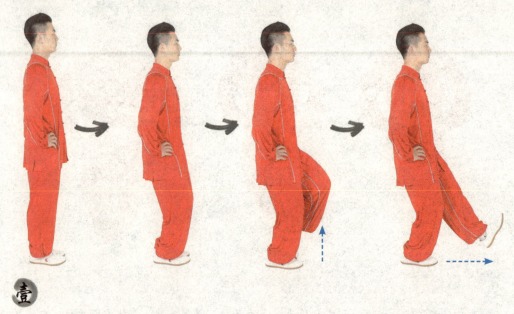

壹　身体自然直立，双手叉腰，目视前方，双腿同时弯曲。保持上身直立，左腿微屈，向上提，继而向前迈步，左脚跟点地。

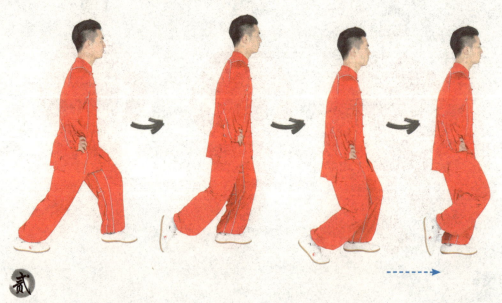

贰　身体重心前移，左脚脚掌踏实，成左弓步；身体向前，右腿向前跟步。右腿向左腿跟步，右腿微屈，右脚尖点地，继而右腿跟步至左腿旁，右脚尖点地。

壹

身体自然直立，双手叉腰，目视前方；左腿屈膝，微微向上提，左脚尖点地，然后身体随左腿向左微转，左脚向左前方迈步。

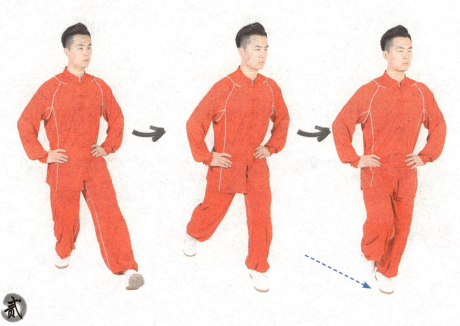

贰

身体重心前移，左脚脚跟先着地，右腿屈膝。左脚脚掌踏实；右腿向前上步，提起，附于左腿旁边，右脚不落地。

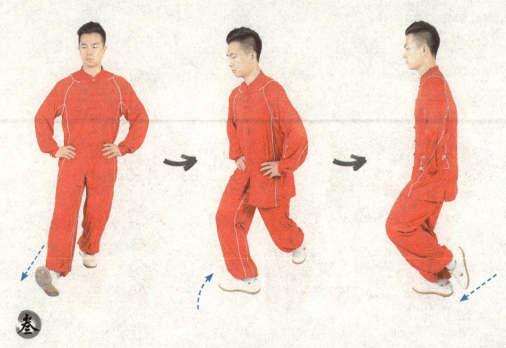

叁　右腿向右前方上步，右脚跟先着地，重心前移；右脚以脚跟为轴，向右旋转，身体
也随之转动。左腿随身体旋转微屈，左腿向前上步，附于右腿旁边，左脚不落地。

肆　左腿向前上步，左脚跟先着地，继而重心前移，左脚踏实，脚尖向右旋转。右腿向
前上步，附于左腿旁边，右脚不落地。

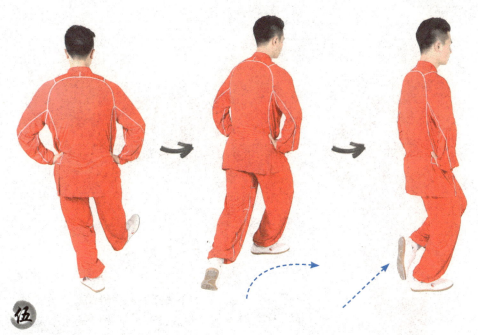

伍

　　右腿向前上步，右脚跟先着地，重心前移，右脚踏实，脚尖向右旋转。左腿向前上步，附于右腿旁边，左脚不落地。

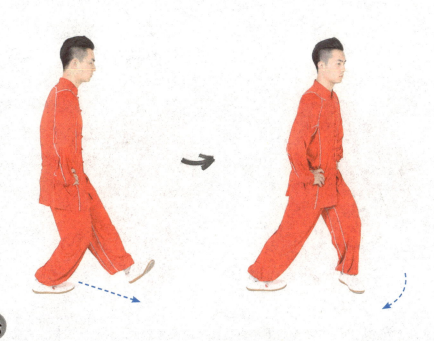

陆

　　左腿向前上步，左脚跟着地，以左脚跟为轴，脚尖向右旋转，以备右脚向前上步。

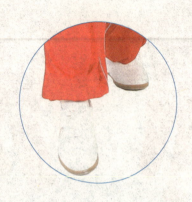

　　虚步，顾名思义脚步不要踏实。后腿微屈，前腿向上提，前脚脚尖微点地，形成虚步。双手平放于腰侧，挺胸，塌腰，脚跟外蹬，膝不过脚尖。虚步要求前腿虚，后腿实，虚实分明；把身体的主要力量放在支撑腿上。

歇步

　　歇步，分为左歇步和右歇步。上身自然直立，双手叉腰，双腿交叉靠拢屈膝下蹲，右（左）脚全脚掌着地，脚尖外展，左（右）脚前脚掌着地，目视前腿侧方向。

第三章

42式太极剑套路教学

42式太极剑涵盖了多种太极剑的剑法，内容充实，结构严谨，且富于变化和美感。

第一式 起势

壹

两脚并拢站立，双手自然下垂，轻触两腿外侧；左手握剑，剑身贴左臂后侧，右手剑指；下颌微内收。

贰

左脚提起，脚尖点地。

叁

左脚离地向左侧横开步；同时左手握剑跟随身体稍稍左摆，身体重心左移。

肆

保持双臂姿势不变，左脚落地踏实。

伍

上身左转约45度。

陆

双手缓慢向前平举。

 柒

双手平举至与
肩同高，掌心向下。

 捌

上身向右转向正
面，双手手势不变，并
随上身转回正面。

 玖

上身略右转，右脚跟提起；同时
右手剑指先向右、向下画弧至身体右
前方，左手持剑，右摆后屈肘置于体
前，腕同肩高，掌心朝下。

 拾

右脚收提至左脚内侧，右手剑指向左画
弧至腹部左前方，掌心朝上，与左手两掌心
相对。

拾壹

右脚向右前方约45度方向上步。
目视右前方。

拾贰

屈右膝，右手剑指经左臂下方，沿左臂向右上方摆举。

拾叁

右臂摆举至右肩的右前方，臂微屈，掌心斜朝上；同时左脚贴向右脚内侧。

拾肆

重心移向右腿，上身左转，向左前方迈出；同时右臂屈肘，右手剑指向左、向上靠近右前额；左手持剑，小臂下沉，带动剑尖指向左后方。

拾伍

左腿屈膝；同时左手持剑向左、向下搂至左膝外侧，剑尖朝向左后上方。

拾陆

左腿向左前方顶膝，成左弓步；右手剑指经右耳旁向前指出，掌心朝前，指尖朝上，腕同肩高，目视左前方。

第二式 并步点剑

壹
　　接上式。右脚收提至左脚内侧，重心前移；同时左手持剑，剑柄朝上，向上、向前穿出，经胸前向右腕靠近。

贰
　　右脚向右前方迈步，落地后双膝微屈；同时上身右转，双手分别同时向左、右两侧摆举。

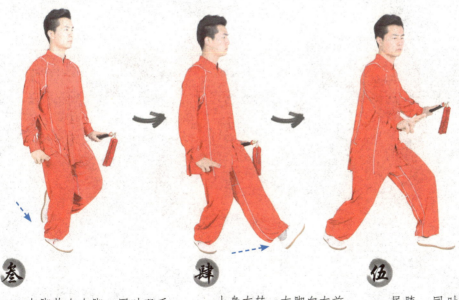

叁
　　左脚收向右脚；同时双手从身体两侧向下画弧置于胯旁，掌心均朝下，目视前方。

肆
　　上身左转，左脚向左前45度上步，重心跟随前移。

伍
　　屈膝，同时双手分别向左、右两侧摆举。

陆

左脚踏实，左膝前顶成左弓步，双手从身体两侧向身体前方画弧聚拢，最终在胸部前方相合，剑身贴靠左前臂，剑尖朝左后方。

柒

右手剑指沿剑柄向左划，直至虎口对准剑柄，接剑，目视前方。

捌

右脚向左脚并步，屈膝半蹲；同时右手接握剑柄，并以腕关节为轴，使剑尖由身体左后方经上方向前画弧，至腕与胸高，左手变剑指附于右腕内侧。

玖

右手提腕，使剑尖向前下方点剑，目视剑尖方向。

第三式 弓步削剑

壹　接上式。重心稍稍提升，左手剑指经身前向下、向左、再向前指出，掌心斜朝前，指尖朝上。

贰　右腿向后伸展打开，成左弓步；同时右臂小臂顺时针转动，带动剑从左下方，经右上方画弧，再向左下方削剑。

叁　身体右转约90度，同时右手握剑从身体左下方摆向右上方；左手剑指左摆。

肆　身体继续右转约90度，右手握剑继续流畅右摆，直至右臂与身体在同一平面，剑尖指向右侧，腕同肩高，左手剑指姿势不变，目视剑尖方向。跟随身体的右转，双腿转换为右弓步姿势。

第四式 提膝劈剑

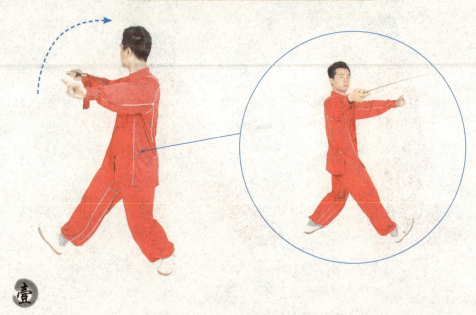

壹

接上式。上身继续略向右转，同时左腿屈膝，身体重心后移，右腿伸直。

贰

右手向后翻腕，握剑屈肘向右、向后画弧至身体侧右后方，掌心朝上，腕高于肩；左手剑指向前、向右画弧摆至右肩前，掌心斜朝下。

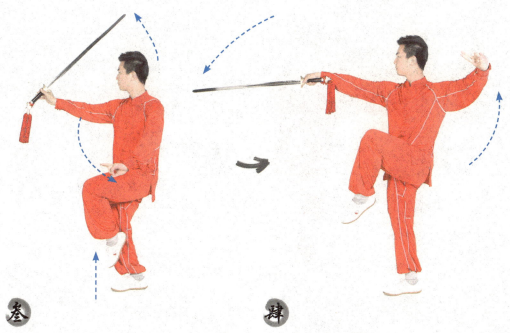

参

　　左腿屈膝提起成右独立步；同时右手持剑向前、向上画弧，左手剑指向下画弧置于胯旁，掌心朝下。

肆

　　右手握剑向前劈出，剑、臂平直；左手剑指向左上方摆举至与肩齐平，掌心朝外，指尖朝前。目视剑尖。

伍

　　右手握剑以手腕为轴，将剑尖向下转动；左臂向身前屈肘。

陆

　　右手握剑继续向左上方转动，直至剑尖指向左上方；左手向右画弧，贴于右肘内侧。双腿保持右独立步姿势。

柒

　　右手持剑，继续向前劈剑，
直至剑身水平。

第五式 左弓步挫剑

壹

　　接上式。右腿屈膝半蹲，上身略左转，左
脚向左后方落地，脚跟着地；同时右手握剑以
腕关节为轴使剑尖从身体右前方向左前方画弧。

贰

　　左脚全脚掌着地，上身左转；右
手持剑继续向左前方画弧，左手剑指
从身体右前方经腹部向左前方画弧。

右手握剑继续划向左前方，肘部逐渐打开，掌心朝上，腕略高于腰；左手剑指继续由左前方向后、向上画弧，直至位于头部左上方，掌心朝外。

第六式 左虚步撩

壹

接上式。右腿屈膝，重心稍后移，左脚尖翘起并稍微外展；同时右手提剑划向左上方，与左手靠近。

贰

重心再向前移至左腿；同时上身稍稍左转，右手持剑继续向左上方画弧，左手剑指贴右腕。

叁

　　右脚贴向左脚，双手向左下方画弧，剑尖指向左上方。

肆

　　右脚向右前方上步，脚尖着地，上身略右转；同时两臂保持架起的姿势，向右上方撩剑画弧。

伍

　　左脚贴向右脚；同时上身右转，两臂继续划向右上方。

陆

　　左脚向左前方上步成左虚步；两臂向右上方划，直至剑身撩至头部前上方，且右臂微屈，掌心朝外，剑尖略低于手。目视前方。

第七式 右弓步撩

壹

　　接上式。身体略向右转，左脚稍稍向左上步，脚跟着地；同时右手握剑下落，剑尖向上，左手剑指贴在右肘。头随剑转向右侧。

貳

　　左脚尖外展落地踏实，屈左膝，重心移至左腿，身体左转；同时右手握剑，以剑柄为先，向左下方画弧。左手剑指跟随身体左转，经腹部前方画弧至身体左侧。

叁

　　身体继续左转，右脚贴近左脚；同时右手握剑经右下方向前方撩剑，左手剑指向左上方画弧。

肆

　　右脚向前迈一步，上身稍稍左转，左手剑指继续向左上方画弧，左臂成弧形举于头部左上方。

伍

　　右脚踏实，屈膝成右弓步姿势；同时右手继续握剑向前撩剑，直至剑身约水平，与肩齐高，掌心向上。目视前方。

第八式 提膝捧剑

壹

接上式。左腿屈膝半蹲，右脚脚尖抬起，重心后移，身体略向左转；同时右手握剑随转体向左平带，掌心向上，腕同肩高，剑尖朝前；左手剑指屈肘下落附于右腕处，掌心向下，目视剑尖方向。

贰

身体略向右转，右脚向后收向左脚，然后再向后撤步；右手握剑向前刺，左手剑指同时跟随向前。

叁

身体重心后移成左虚步，同时两手向身体两侧打开。

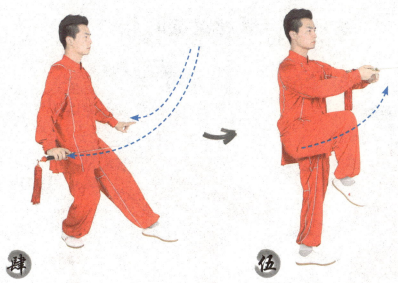

肆

右手握剑向下、向右画弧至右胯旁，左手剑指向下、向左画弧至左胯旁，掌心向下。

伍

左脚踏实，重心前移，左腿直立，右腿屈膝提起，形成左独立步；同时双手向身前靠拢捧剑。

第九式 蹬脚前刺

壹

接上式。左腿屈膝，重心下降，右腿及两臂顺势向下、向内画弧。

贰

左腿再次用力蹬直，右腿向胸前提膝，两臂提至胸前。

叁

右脚向上勾脚，再迅速向前蹬出，右腿蹬直；同时双手捧剑略回引再向前平刺，目视剑尖方向。

第十式 跳步平刺

壹

接上式。右脚落地屈膝，重心下降，左腿顺势屈膝，脚尖点地，双手捧剑置于右腿之上。

贰

左脚后摆，右脚落地踏实，双手向前平刺。

叁

左脚向前落步，同时两手向身体两侧打开。

肆

右脚再向前跳出一步，成右弓步姿势；左手剑指向下、向左、再向上画弧至头部左后方，右手握剑向前水平刺出。

第十一式 转身下刺

壹

接上式。左腿屈膝，向左转体，右腿自然伸直，脚尖上翘；同时右手握剑向左平带，掌心向上。

贰

屈右膝，左腿伸展，身体重心右移；同时右手握剑向右平带至右胯旁，剑尖斜向下，左臂屈肘收至胸前，左手剑指贴于右胸前。

叁

以右脚掌为轴身体向左后方转体约90度，左腿屈膝提起收至右腿内侧，脚不着地。双手姿势不变。

肆

继续向左后方转体约90度。

伍

向左后方转体约90度，左脚向左前方落步成左弓步，然后右手握剑向左前下方刺出，掌心朝上；同时左手剑指向左、向上画弧，左臂成弧形举于头部左上方，目视剑尖方向。

第十二式 弓步平斩

壹　接上式。重心前移，右脚收于左脚内侧后，再次后撤。右手握剑，沿顺时针轨迹转腕，向左、向上撩剑。

贰　上身前倾，右手握剑，继续沿顺时针轨迹转腕，向右、向下撩剑至右下方，掌心斜向上；左手剑指屈肘向前附于右臂，目视剑尖。

叁　左脚碾步内扣成右横裆步，身体右转约 90 度；同时右手握剑向右平斩；左手剑指向左分展侧举，略低于胸，掌心向左，指尖朝前。目视剑尖。

肆　继续向右转体，右腿顶膝成右弓步；右手握剑平斩至右肩的正前方。

第十三式 弓步崩剑

壹

接上式。重心左移，身体左转90度；同时右手握剑，以剑柄领先，屈肘向左带剑至面前，左手剑指以弧形左摆至身体左侧，掌心向下。

贰

重心右移；同时右手持剑，以剑柄领先，向内、向右画弧；左手剑指向上摆举。

叁

左腿经右脚向右后方插步；右手握剑继续向右画弧至身体右侧；左手剑指继续上举，腕高于头，掌心向上，目视右侧。

肆

双腿向下蹲坐；同时右手握剑向右前方平举，约与肩同高。

伍

保持双手姿势，双腿直立，向上站起。

陆 重心移至左腿，右腿屈膝提起；同时两前臂向内画弧合于胸前，剑尖朝前；左手剑指附于右手之上，目视前方。

柒 然后右脚向右落步。

捌 屈双膝，上身略左转；双手向左下方画弧至左胯旁。

玖 身体回正，然后上身快速右转，右手握剑顺势右摆崩剑，力贯剑身前端；同时左手剑指向左展开，掌心朝外。

拾 右手继续右摆崩剑，直至腕同肩高，剑尖朝右且高于腕，右臂微屈。目视剑尖。

第十四式 歇步压剑

壹

接上式。右脚尖抬起，身体稍稍左转，右手握剑下压。

贰

身体左转，右腿收向左腿，右脚不落地，重心转移至左腿；右手握剑向左上方提剑。左手剑指向左后方画弧，指尖朝后。

叁

右腿插向左后方，两腿屈膝下蹲；同时右手翻掌，掌心向下，握剑向下压剑，右臂微屈，左手剑指向后上方画弧，左臂成弧形举于头部左后上方，指尖朝前，掌心斜向上。

肆

两腿继续屈膝下蹲成歇步；右手继续握剑下压至剑几乎触地。目视剑尖。

第十五式 进步绞剑

壹

接上式。站起，右脚贴向左脚；右手握剑，立剑上提，虎口朝前上方；左手剑指经上方弧形前摆。

贰

右脚向前上步成右虚步；右手继续握剑上提，腕同肩高，剑尖指向前下方；左手继续右摆，置于右前臂内侧，掌心向下。

叁

右脚向前上步，脚跟着地，重心前移；同时右手握剑，逆时针绞剑；左手剑指向左画弧侧举，掌心向外，指尖朝前。

肆

一边绞剑，一边右脚全脚掌落实。目视剑尖。

　　左脚向前上步，脚跟落地，重心前移。右手握剑再次向左、向下绞剑；左手剑指动作不变，目视剑尖。

陆

　　左脚整个脚掌落地，脚尖外旋；右手向右上方绞剑。

柒

　　随后右脚向前上步，重心前移，右脚跟着地；同时右手握剑收至胯前。

捌

　　右脚踏实，身体重心前移，屈膝成右弓步姿势；同时右手握剑向前送出。左手姿势保持不变。

第十六式 提膝上刺

壹

接上式。重心后移，上身略左转，左腿屈膝半蹲，右膝伸展；同时右手握剑屈肘回抽带至左腹前，掌心向上，剑身平直，剑尖朝右；左手剑指附于剑柄上；目视剑尖。

贰

身体向右旋转，两手从身前向右下方画弧至右胯旁。

叁

右腿自然直立，左腿屈膝提起成右独立式；同时右手握剑上摆至胸部右下方；左手剑指仍附于右前臂内侧。

肆

左腿继续屈膝上提，膝与腰齐高；同时右手持剑向前上方刺出，掌心向上；目视剑尖。

第十七式 虚步下截

壹

接上式。身体稍稍左转，右腿屈膝半蹲，左脚向左落步，脚跟着地；同时右手握剑随转体屈肘，剑柄领先，向左上方带剑，掌心朝里，腕同头高，剑尖朝右；左手剑指向左下方画弧。

贰

身体继续稍稍左转；右手带剑至脸部前方；左手画弧至左胯旁，掌心斜向下。

叁

重心左移，左脚逐渐踏实，屈膝；同时右手握剑继续向左下方带剑。

肆

右脚贴向左脚，脚不触地；同时右手握剑，向右下方截剑至右胯旁；左手剑指向上画弧。

伍

右脚向右前方移半步，脚尖点地成右虚步，上身右转；右手握剑继续向右下方截剑，剑尖朝向左前方，与膝同高，力贯剑身下刃。左臂成弧形举于头部左上方，掌心斜向上。目视右侧。

第十八式 右左平带

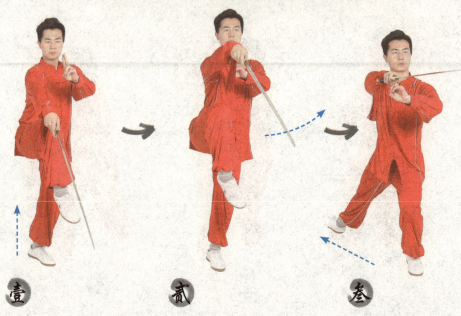

壹

接上式。右腿屈膝提起，右脚脚尖下垂；同时右手握剑立刃向前、向上送。

贰

右手继续向上送剑，直至剑柄位于胸前上方，右臂自然伸直，剑尖向下；左手剑指下移附于右前臂内侧。

叁

右脚向右后方落步，身体向右转，形成左弓步，右手握剑，沉腕，剑压平。

肆

随着身体的右转，右手握剑顺势经胸前向右前方平带，左手跟随右臂向右，肘部逐渐打开。

伍

继续向右转体，直至左腿完全伸展开，成右弓步姿势。

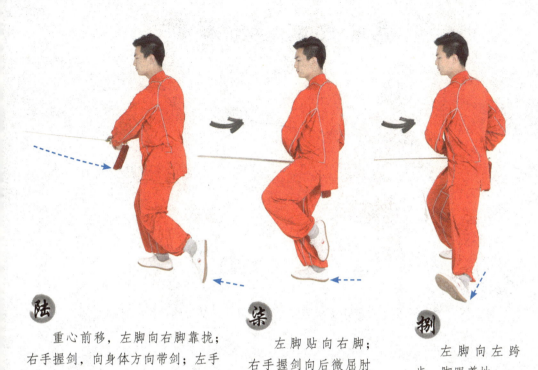

陆

重心前移，左脚向右脚靠拢；右手握剑，向身体方向带剑；左手跟随右手一起移动。

柒

左脚贴向右脚；右手握剑向后微屈肘至右胯旁，剑尖朝前。

捌

左脚向左跨步，脚跟着地。

玖

左脚逐渐踏实，左膝前顶，上身向左转；同时右手握剑经胸前向左前方平带；左手剑指经下方向左后上方画弧。

拾

右腿伸展开，成左弓步；右手继续向左带剑至左肋前；左臂成弧形，左手举于头部左上方，掌心斜向上。目视右侧。

第十九式 弓步劈剑

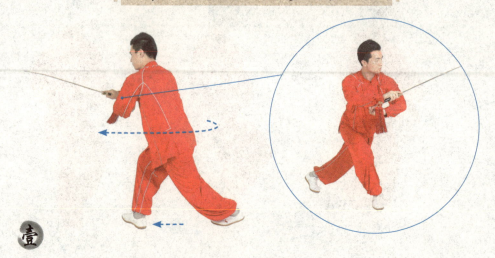

壹 接上式。重心前移，右脚摆步向前，屈膝半蹲；左腿自然伸直，脚跟提起。

贰 上身右转，同时右手握剑向右后方下截；左手剑指屈肘向下附于右肩前，掌心斜向下。目视剑尖。

叁 上身左转，左脚前迈；同时右腕翻转，掌心向上，将剑向上提起；左手剑指向下画弧至腹部前方。

肆

上身左转，左腿屈膝前顶；右手向前带剑；左手剑指画弧至左胯旁，指尖向前。

伍

右腿蹬直；右手握剑经上方向前劈剑，剑柄与肩同高，剑尖略低于腕；左手剑指向左上方画弧，左臂成弧形举于头部左后上方，掌心斜朝外，目视前方。

第二十式 丁步托剑

壹

接上式。左脚尖内扣；左臂屈肘，左手剑指右摆。

贰

上身右转，右腿屈膝上提成左独立式，右手握剑向右后方截剑；同时左手剑指贴于右臂内侧。目视剑尖。

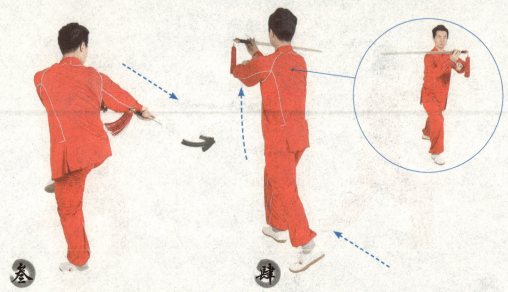

叁

上身继续右转，右手握剑继续截剑至胯部右侧，右臂打开，剑尖指向右下方；左手剑指继续贴于右臂内侧。

肆

右脚向前落步，屈膝半蹲。左脚跟步至右脚内侧，脚尖点地成左丁步；同时右手握剑向前、向上托剑，托至腕部与肩平。剑尖朝右，左手剑指附于右腕内侧。

第二十一式 分脚后点

壹

接上式。右脚踏实后，左脚向左前方上步，左手剑指贴在右腕内侧，右手保持托剑姿势。

贰

左脚踏实，脚尖内扣，膝微屈，上身右转约90度，右手持剑顺势将剑尖压向右下方。

叁

上身继续右转，右脚外旋；同时右手握剑使剑尖向右、向下画弧。

肆

右脚向右撤步，右腿伸直，左脚以脚跟为轴，脚尖内扣碾步，屈膝；右手握剑向右下方画弧至腕与肩同高，掌心斜向上，剑尖斜向下。

伍

上身继续右转，屈右膝；双手向两侧打开。

陆

重心前移，右腿屈膝前顶成右弓步；同时右手握剑沿右腿内侧向右刺出，与肩同高，左手剑指向左后方摆举，与肩同高，掌心朝前，目视剑尖。

柒　重心前移，左脚向右脚并步；右手握剑，剑柄领先，向上、向左画弧带剑至头部左上方；左手剑指向右下方画弧，贴于右腕内侧。

捌　两腿屈膝半蹲，上身略左转；右手握剑向下画弧至左胯旁，掌心朝内，剑尖朝向左上方；同时左手剑指跟随右手下落。目视左侧。

玖　重心上提；同时右手握剑，以剑柄领先，向右后上方画弧；左手剑指扶剑身。

拾　上身右转，然后左腿自然伸直，右腿屈膝提起，脚尖自然下垂；右手握剑继续向上画弧；左手剑指一直扶在剑身，直至剑身被抽离。

拾壹

　　右手握剑向上画弧至腕部位于头部右后方，掌心朝右，剑尖朝向前下方；左手待剑抽走后，向前、向上画弧抬起。

拾贰

　　右脚向前摆踢成分脚式；同时上身略向右拧转，右手握剑经上方向右后方点剑，腕同肩高；左手剑指继续划向左上方，左臂成弧形举于头部左上方，掌心斜朝上，目视剑尖。

第二十二式 仆步穿剑

壹

　　接上式。左腿直立，右腿屈膝成90度；双手相合，右手腕同胸高，掌心向上，剑身平直，剑尖朝前。

贰

　　左腿屈膝半蹲，右腿向后落步成左弓步；右手握剑向体前摆举。目视剑尖。

叁

　　身体重心后移，上身右转；右手握剑屈肘经胸前向右摆举斩剑。

肆

　　双脚以脚掌为轴碾步，身体右转约90度，双腿屈膝；右手继续向右斩剑至身体右侧，右臂微屈，掌心向上，剑尖略高于腕；左手剑指向左分展侧举，与肩同高，左臂微屈，掌心朝外，目视剑尖。

伍

　　重心左移，屈左膝成左横弓步，上身略左转；右手握剑屈臂上举至头部前方，掌心朝内，剑身平直，剑尖朝右；左手剑指向上摆举，附于右腕内侧，臂成弧形，掌心朝前，目视剑尖方向。

陆

　　左腿屈膝全蹲成右仆步，上身略右转；右手握剑向下置于裆前，掌心朝外，使剑落至右腿内侧，剑尖朝右；左手剑指仍附于右腕处。

柒

　　重心右移，身体右转；同时右手握剑沿右腿内侧向前穿出；左手剑指附于右腕内侧。

捌

　　左脚尖内扣碾步成右弓步，身体右转；右手握剑继续向前上方穿出，腕略高于肩，右臂自然伸直；左手剑指从右腕处自然划向小臂内侧。目视前方。

第二十三式 蹬脚架剑

壹

　　接上式。双手向右下方压剑。

贰

　　右腿从弓步逐渐伸膝，左脚贴向右脚；同时右手持剑，以剑柄为先，向右上方带剑，左手剑指屈肘附于右前臂内侧，掌心朝右。

参

右腿伸直，左腿提膝抬起，成右独
立步；同时右手握剑继续向右上方带剑
至头部右上方，掌心朝外，剑尖朝前。

肆

左脚向前蹬出；同时左手剑指向前指
出，左臂自然伸直，腕同肩高，掌心朝
前，指尖朝上；右手持剑继续带向头部右
后方。目视左手剑指方向。

第二十四式 提膝点剑

壹

接上式。左腿以膝部为轴，小腿下
摆，脚尖自然下垂；同时右手握剑向右
带。左臂向身前屈肘。

贰

右手握剑经头部前方向右肩位置画弧，
掌心朝外。左手剑指向右画弧至胸部右前
方。目视右前方。

右手以手腕为轴，向下点剑。目视右前方。

第二十五式 仆步横扫

壹

接上式。右腿屈膝，左脚向左后方落步成左仆步；左手剑指屈肘内旋，经左肋前向后反插至左腿外侧，掌心朝外；右手握剑沉腕，剑尖指向右下方，目视剑尖。

贰

身体左转的同时，右手握剑，向左平扫，腕同腰高；左手剑指摆向左后方。

叁

右腿蹬直，成左弓步，身体左转；右手握剑继续向左平扫，掌心向上，右臂微屈，剑尖朝向前下方；左臂成弧形，左手举于头部左上方，掌心向上，目视剑尖。

第二十六式 弓步下截

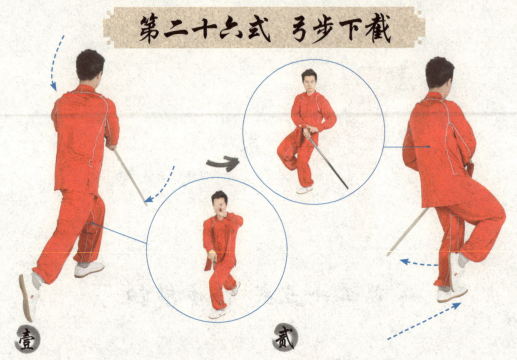

壹

接上式。身体重心前移；同时右手握剑内旋画弧拨剑，腕同腰高，掌心向下；左手剑指向脸部前方屈肘下落。

贰

右脚上前贴向左脚内侧，脚不触地；右手持剑继续向左下方拨剑，剑尖朝向左前下方；左手剑指继续下落，附于右腕外侧，掌心向下，目视剑尖。

叁

右脚向右前方上步，脚跟着地。

肆

上身略右转，右脚全脚掌着地；同时右手握剑向右前方画弧截剑，右臂微屈，腕同胸高，剑尖朝向前下方；左手剑指仍附于右腕处，目视剑尖。

伍 身体重心移至右腿，左脚跟随贴向右脚内侧，脚不触地；右手握剑外旋画弧拨剑至右胯旁，掌心向上，剑尖朝向右前下方；左手剑指附于右腕内侧，掌心向下。

陆 左脚向左前方上步。

柒 上身左转约45度；右手握剑向左画弧截剑；左手剑指向左前上方画弧摆举。

捌 右腿蹬直成左弓步；右手握剑向左画弧截剑至身体左前方，右臂微屈，腕稍低于胸，掌心向上，剑尖朝向前下方；左臂成弧形，左手举于头部左上方，掌心朝外，目视剑尖。

第二十七式 弓步下刺

壹 接上式。身体重心移至左腿，右脚贴向左腿内侧，脚不着地；左手剑指附于右腕内侧。

贰 右脚下落震脚，屈膝半蹲，上身略右转；同时右手握剑屈肘回带至右肋前，掌心向上。左手剑指先前伸，然后随右手回带屈肘附于右腕内侧。掌心向下，目视剑尖。

叁 随身体重心前移，左脚向左前方上步。

肆 左腿向前顶膝成左弓步，上身略左转；同时右手握剑向左前下方刺出，腕略高于腰，掌心向上；左手剑指仍附于右腕内侧，掌心向下，目视剑尖。

第二十八式 右左云抹

接上式。身体重心前移，右手握剑内旋，使剑沿顺时针下沉画弧；左手剑指内旋向下画弧。

贰

右脚上前贴近左脚内侧，脚不触地，身体略左转；左手剑指再外旋向左上方画弧至头部左前方。目视剑尖。

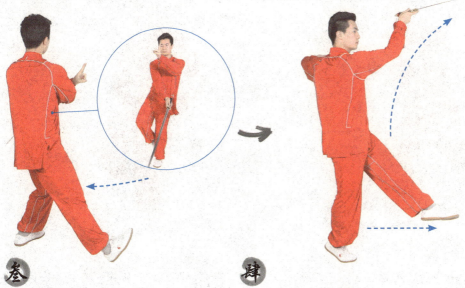

叁

随后右手握剑继续向左下方画弧削剑，左手剑指从左向右画弧。右脚向右上步，脚跟点地。

肆

右脚向右前方落地的同时，向右转体，重心前移，左脚向上提起，向前踢步；同时右手握剑从身体左下方，经身前向右上方画弧。

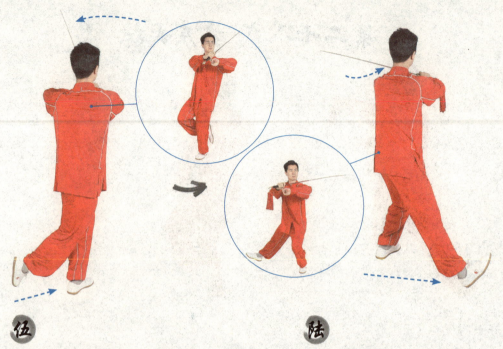

然后左脚向前落地，右腿屈膝贴向左脚；同时右手向左屈肘带剑，左手剑指贴向右腕内侧。

右脚向右上步，脚跟点地；右手握剑向右云抹。

上身右转，左腿蹬直，右脚踏实，右腿屈膝，成右弓步，降低重心；同时右手握剑向右云抹至右前方，掌心向下；左手剑指仍附于右腕内侧。

右脚踩地后，身体重心右移，左脚收于右脚内侧，脚不触地，身体略右转；右手握剑略屈肘右带，腕同腰高，剑尖朝向左前方；左手剑指仍附于右腕内侧，目视剑尖方向。

玖

　　左脚向左上步，脚跟着地；同时左手剑指经前方向左画弧摆举至身体左侧；右手持剑稍稍撤向右后方。

拾

　　左脚整个脚掌踩实；左手剑指继续划至头部左侧，掌心朝外；右手持剑经右侧扫向左前方。目视前方。

拾壹

　　继续向左转移重心，右脚向左前方跨出；同时右手握剑在面前顺时针画圆云剑，左手剑指在云剑时向右与右手相合，附于右腕内侧，掌心向下。

拾贰

　　右脚落地后，左脚迅速向左前方迈出一步，上身右转；右手持剑摆至体前，腕同肩高，掌心向上，剑尖朝向右后方；左手剑指向腹部前方落下。

拾叁

　　上身左转；右手握剑向前伸送并向左抹带；同时左手剑指向左画弧。

拾肆

　　左膝前顶成左弓步；右手继续抹剑直至身体左侧，腕同胸高，掌心向上，剑尖朝前；左臂成弧形举于头部前上方，目视剑尖。

第二十九式 右弓步劈剑

壹

　　接上式。重心前移，右脚跟抬起，右腿向前跟步；同时右手握剑向左抹剑，置于身体左前方，左手剑指向身前屈肘下沉。

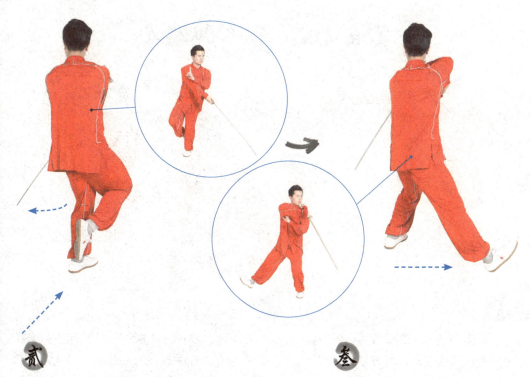

身体重心前移，右脚跟至左脚内侧，身体略左转；右手持剑继续抹向身体左后方。

右脚向右前方迈出一步，脚跟着地。

右脚踏实；同时右手握剑，经左后方向右、向上画弧，左手剑指压向胯部左侧。

右膝前顶成右弓步，上身略右转；右手握剑经上方向右画弧劈剑，腕略高于肩，剑、臂约成一条直线；左手剑指经下方向左画弧，左臂成弧形举于头部上方，掌心朝外，目视剑尖。

第三十式 后举腿架剑

壹

接上式。身体重心前移，左脚贴向右脚；右腕内旋，使剑尖朝向左下方；左手剑指屈肘下落。

贰

左脚迈向右脚的右前方，上身略左转，双腿屈膝下蹲；右手握剑向左挂剑，剑尖朝左；左手剑指附于右前臂上，目视左下方。

叁

身体直立站起，上身略右转；右手握剑上架；左手剑指上摆至面前。

肆

右腿伸直后屈膝，小腿后举，右手握剑上架至头部前上方，手臂伸直，剑尖朝左；左手剑指经面前向左摆举。

第三十一式 丁步点剑

 壹

　　接上式。右脚向右前方迈出一步，脚跟着地，右腿自然伸直，身体略右转；右手握剑从头前上方向前、向下摆，左手剑指经上方向身前画弧。

贰

　　重心右移，身体右转，右腿屈膝半蹲，左脚跟随至右脚内侧，脚尖点地成左丁步；右手握剑向右下方点剑，腕同肩高；左手剑指经体前向右画弧，屈肘附于右腕内侧，目视剑尖。

第三十二式 马步推剑

壹 接上式。左脚向左后方撤步，右腿伸展；右手握剑，沉腕，将剑尖挑起；左手剑指仍附于右腕内侧。

贰 上身向右拧转。右手握剑，屈肘收向身体右侧；剑身竖直，剑尖朝上；左手剑指附于剑根处，掌心向下。

叁 身体重心后移，右脚以脚掌擦地撤半步；右手握剑，将剑收至右肋下。目视剑身。

肆 左脚蹬地发力，随之身体重心前移，右脚向右前方上步，双腿屈膝半蹲成马步；左手剑指向左划至胸前。

伍 上身左转；同时右手握剑向右前方立剑平推，腕同胸高，剑尖朝上，力贯剑身前刃；左手剑指向左推举，掌心朝外，指尖朝上。目视右侧。

第三十三式 独立上托

壹
　　接上式。身体重心左移；右手握剑以腕为轴，外旋翻转手腕，使剑尖向下画弧。

贰
　　右脚向左后方插步，脚尖着地；右手握剑从身体右侧立圆画弧至头部右上方；左手剑指向右画弧，附于右腕内侧。

叁
　　身体右转约90度，右脚踏实；右手持剑继续向前画弧至身前。

肆
　　身体重心后移，双腿屈膝下蹲；右手握剑，以剑柄领先向下、向右后方画弧，左手剑指屈肘附于右前臂内侧。

伍
　　身体继续向右转约90度；右手握剑继续向右后方画弧摆举至右膝前上方，剑尖朝前。

陆
　　右腿自然直立，左腿屈膝提起成右独立式；右手握剑，右臂内旋向上托举，右手停于右额前上方。

第三十四式 挂剑前点

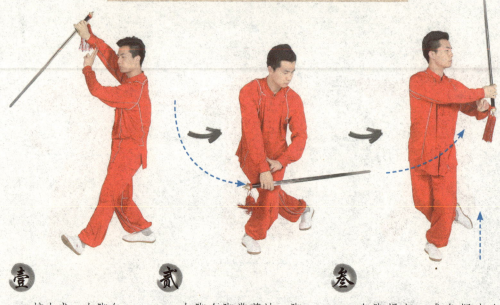

壹
接上式。左脚向左摆步,脚跟着地。

贰
左脚全脚掌落地,脚尖外旋,右脚跟提起,上身略左转;右手握剑向左下方画弧。

叁
右脚提起,准备摆步向前;右手握剑向左上方画弧;左手剑指仍附于右前臂内侧,目视剑的方向。

肆
右脚前迈,先脚跟落地;同时右手握剑从左上方向右上方画弧穿挂剑。

伍
右脚整个脚掌踏实,同时重心前移,上身略右转;右手握剑向右下方画弧穿挂剑,左手剑指始终附于右前臂内侧,跟随右臂一起转动。

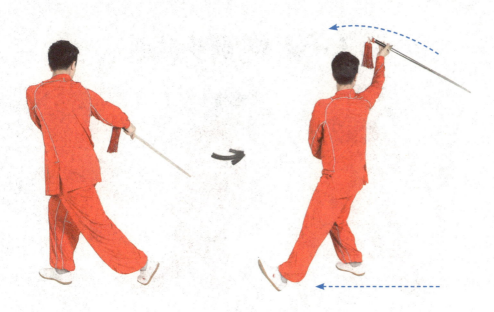

 陆

穿剑至身体右后方时，右臂全部打开。

 柒

左脚摆步向前，脚跟着地，重心前移；右手握剑向上、向前伸举，掌心向上；左手剑指下落至右肩前方，掌心朝外。

捌

上身左转，重心前移，左脚踏实，屈膝；右手握剑继续前摆；左手剑指经下方向左画弧。

玖

右脚向右前方上步成右虚步；同时右手握剑经上方向右前下方点剑；左臂成弧形举至头部左后上方，左手剑指掌心朝外，目视剑身。

第三十五式 歇步崩剑

壹

接上式。右脚跟点地，左腿屈膝半蹲；右手握剑向右下方带剑，掌心朝内，剑尖朝向左上方；左手剑指屈肘下落附于右腕上，掌心向下。

贰

身体重心前移，右脚尖外旋，上身稍稍右转；右手握剑，以剑柄领先，将剑带向身体右前方。

叁

左脚向左前方迈出一步，向右转体约90度，右手持剑，剑柄领先，向身体右侧带剑，剑尖朝右下方；左手剑指经下方向左画弧摆举，掌心向后。

肆

左腿屈膝，重心左移，身体略右转，右脚抬起，右腿伸直；同时右手握剑外旋，虎口朝上；左手剑指继续上摆。

伍

右脚向左后撤步；右手沉腕崩剑；左手剑指上摆。

陆

左腿屈膝，重心后移并下降成歇步，身体略右转；右手崩剑至腕低于腰；左手剑指向上，左臂成弧形举于头部左后上方，掌心斜向上。目视右前方。

第三十六式 弓步反刺

壹

接上式。双腿打开，身体站起。

贰

右脚踏实，右腿伸直，左腿屈膝提起，脚尖下垂，上身稍左转。然后右手握剑屈肘侧举，腕低于胸，使剑身斜置于右肩上方，掌心朝前，剑尖朝向左上方；左手剑指下落，与肩同高，目视左前方。

左脚向左落步，上身略向左转；右手握剑向左上方探刺；左手剑指沿剑身右划。

左腿顶膝，右腿伸展，成左弓步；右手握剑前刺；左手剑指与右臂在体前相合，附于右前臂内侧。目视剑尖。

第三十七式 转身下刺

接上式。右腿屈膝，重心右移，身体右转；右手握剑向右回带；左手剑指附于右肘内侧；掌心朝外，目视左侧。

贰

　　身体重心继续右移，身体右转；右手握剑，剑柄领先，画弧带至右侧，掌心向前；左手剑指经身前向左画弧。

叁

　　屈双膝下蹲；右手继续向右下方带剑；左手剑指向上画弧，直至与头同高。

肆

　　右腿伸直，重心移至左腿；同时右手握剑持续向左下方画弧，左手剑指架至头部左上方。

伍

　　右腿屈膝提起，脚尖下垂，以左脚掌为轴碾步，身体右转；同时右手握剑，剑柄为先，向上带剑至右肩前，剑尖朝向右膝外侧，掌心朝后；左手剑指附于右腕上，目视剑尖。

陆

身体右转约180度，右脚向右前方落步。

柒

右腿向前顶膝成右弓步；右手握剑向右下方刺出，腕同腰高，掌心向上；左手剑指移至右前臂内侧，掌心向下，目视剑尖。

第三十八式 提膝提剑

壹

接上式。左腿屈膝，右腿伸直，身体重心后移，上身左转；右手握剑，以剑柄领先，向左、向下带剑，剑尖朝左；左手剑指保持附于右前臂内侧。

贰

右腿向右顶膝，左腿伸直，右手握剑，以剑柄领先，向右带剑。目视剑尖。

叁

　　身体重心移至右腿，左腿贴向右腿，上身略右转并稍向前倾；同时右手握剑，前臂内旋，剑柄领先，向右、向上画弧提剑，左手剑指下落于腹前。

肆

　　左腿屈膝上提，右腿伸直成右独立式；右手握剑成弧形举于右前方，腕同额高；左手剑指向左画弧摆举，与胸同高，掌心朝外。

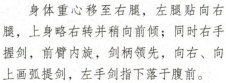

第三十九式 行步穿剑

壹

　　接上式。左脚向前落步，脚跟着地；右手握剑，向左穿剑。

贰

　　上身左转；右手一边向上翻掌，一边向前方穿剑，腕与腰同高，剑尖朝前；左手剑指向右上方画弧，摆举至右肩前。

叁

　　上身右转，重心前移，右手握剑，小臂外旋带剑，剑尖向右；左手剑指向右摆至胸前。

肆

　　左脚踏实，左膝微屈，右脚向右摆步，上身右转；右手握剑，剑尖领先，向前、向右画弧穿剑，腕与胸同高，剑尖朝右；左手剑指向左分展侧举，左臂成弧形，掌心朝外。

伍

　　右脚踏实，身体继续右转；右手持剑继续向右水平穿剑，左手剑指保持侧举于身体左侧；目光跟随剑的方向移动。

陆

　　左脚穿插至右脚的左前方，身体持续右转；右手持剑继续向右水平穿剑。

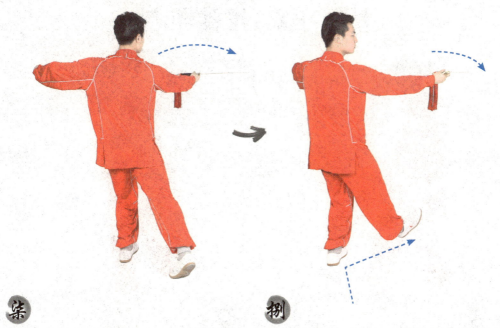

柒

　　左脚踏实，身体右转；右手持剑继续向右水平穿剑，左手动作不变。

捌

　　右脚先贴近左脚，再向右前方迈出一步，身体持续右转；右手握剑保持向右水平穿剑。

玖

　　右脚踏实，左脚跟提起，重心右移，身体继续右转；右手握剑保持向右水平穿剑。

拾

　　右脚踏实后，左脚插向右脚的右前方，屈右膝，双手收向腹部左前方，掌心向上，剑尖朝向前下方。

第四十式 摆腿架剑

壹

接上式。左脚踏实，上身右转。

贰

身体持续右转；右手握剑，从身体前方向右、向上摆剑。左手剑指附于右腕。

叁

左腿直立，身体右转，右腿向右前方踢；同时右手将剑摆至头部高度。

肆

右腿屈膝，脚尖向下；同时右前臂逆时针旋转，使剑尖在头部前上方逆时针画弧；左手剑指在面前与右手相合，屈肘附于右腕内侧，掌心向下。

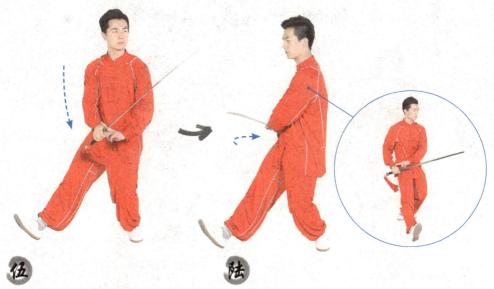

伍 当剑尖画弧至头部左上方时，右手握剑下沉，右脚向前落下。

陆 身体右转，右手握剑同左手剑指随身体右转，向右画弧于右胯旁，腕与腰同高，掌心向下，剑尖朝左。

柒 右脚踏实，右手握剑，向右、向上抬起，将剑架至头部前上方。

捌 右膝前顶，左腿伸展成右弓步，上身左转；同时左手剑指经身前向上、向左外展画弧，目视左手剑指。

第四十一式 弓步直刺

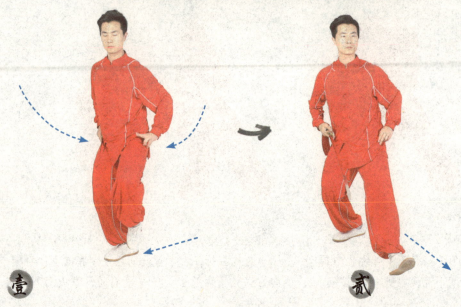

壹 接上式。身体重心移至右腿，左脚收提至右脚内侧；右手握剑经右向下方收至右胯旁，虎口朝前，剑尖朝前；左手剑指经左向下收至左胯旁，掌心向下，指尖朝前。

贰 左脚向左前方迈出一步，上身左转。

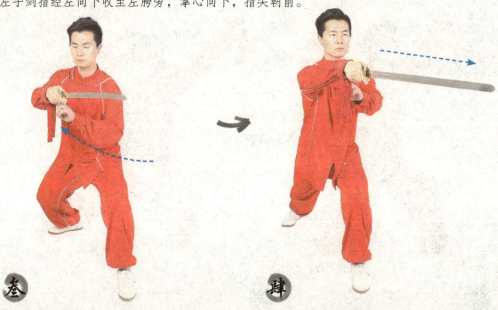

叁 左脚踏实，上身略左转；右手提剑于胸前，使剑变为立刃；左手剑指在胸前与右手相合，附于右腕内侧。

肆 左腿向前顶膝成左弓步，同时右手握剑立刃向前平刺；然后向前伸送，掌心斜向下，目视前方。

第四十二式 收势

壹

接上式。身体重心后移，右腿屈膝，左腿伸直，上身右转；右手握剑屈肘向右回带至右胸前；左手剑指仍附于右腕处并随之右移，两掌心相对，左手剑指变掌接剑；剑身微触左前臂外侧，目视前下方。

贰

上身左转，左膝前顶，重心前移，成左弓步；同时左手接剑后反握，左臂向左前方打开，剑横向贴左臂外侧；右手变剑指向下画弧，贴向右胯的右后方。

叁

右脚上步成平行步；左手握剑向下摆置于左胯旁，掌心朝后，剑身竖直，剑尖朝上；右手剑指经下方向右前上方画弧，随屈肘举于头部右上方，掌心朝内，指尖朝上。

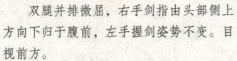

肆

　　双腿并排微屈，右手剑指由头部侧上方向下归于腹前，左手握剑姿势不变。目视前方。

伍

　　左脚跟提起，重心右移；同时右手剑指落于身体右侧。

陆

　　左脚向右脚并拢，双手姿势保持不变。

柒

　　身体自然直立，双臂垂于体侧，目视前方。42式太极剑套路展示完毕。